W0029070

Paulus Vennebusch

Gechillte
Katzen

ars🔳dition

Ihr habt auch gechillte Katzenfotos?
Schickt sie uns über: :f: arsEdition Verlag

2014 arsEdition GmbH, München
Alle Rechte vorbehalten
Text: Paulus Vennebusch
Printed by Tien Wah Press
ISBN 978-3-8458-0681-5

www.arsedition.de

Coole Katzen

Katzen haben ihren eigenen Kopf: Sie lassen sich nichts vorschreiben, und sie weigern sich, auf Kommando so alberne Dinge zu tun, wie Schlitten zu ziehen, Männchen zu machen und Stöckchen zu holen (das überlassen sie lieber den angeblich so intelligenten Hunden).

Außerdem sind Katzen verdammt cool. Sie tigern ohne jede Hektik lässig durchs Leben und lassen sich durch nichts und niemanden aus der Ruhe bringen. Daher sind sie absolute Weltmeister, wenn es darum geht, mal so richtig zu chillen. Die lustigsten, verrücktesten und gechilltesten Katzen aus aller Welt sind auf den folgenden Seiten zu finden.

Buddy aus Michigan

Seit Buddy jeden Morgen Yoga machte,
kam er deutlich entspannter in den Tag.

Elfie aus Malaysia

Der doppelte Espresso hatte nichts genutzt: Die völlig überarbeitete Elfie schlief noch in der Tasse ein.

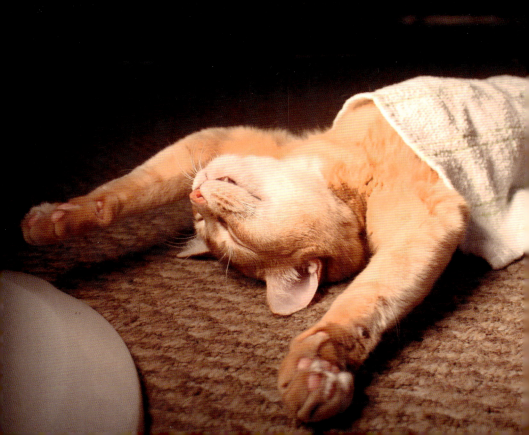

Ronnie aus England

Da Kater Ronnie es bevorzugte, nackt zu schlafen, bedeckte er die nicht ganz jugendfreien Stellen mit einem Tuch.

Schnufflo aus Deutschland

Schnufflo genoss sein neues Leben als Beamter in vollen Zügen.

Shay aus Texas

Shay hatte keine Ahnung, wie sie gestern Nacht dort raufgekommen war. Und sie hatte erst recht keinen Plan, wie sie da wieder runterkommen sollte.

Fairy aus Thailand

Wenn Fairy ehrlich war, lebte sie in ihrem neuen
Eigenheim beengter als in ihrer alten Miez-Wohnung.

Madeline aus Frankreich

Weil sie gestern echt lang gefeiert hatte,
kam Madeline heute Morgen nicht aus der Kiste.

Sunny aus Japan

Sunny war stinksauer: Sie war sich sicher, dass sie bei der Hotelreservierung nicht „Karton" gesagt hatte, sondern „Futon"!

Leo aus Orlando

Von wegen „Männer helfen nicht in der Küche": Kater Leo kümmerte sich jeden Abend aufopferungsvoll darum, dass die Spülablage nicht zustaubte.

Duman aus der Türkei

Ja, er war ein echter Macho – aber wenn es um seinen Lieblings-Puschel ging, machte Duman keine Kompromisse.

Bernie aus England

Frauen mögen vielleicht auf Klamotten stehen – Kater Bernie lag lieber auf ihnen ...

Boris aus Ohio

Immer wenn die lieben Verwandten zu Besuch waren, musste Boris in der Gästeritze schlafen.

Heidi aus Texas

Um auf jeden Fall daran zu denken, dass sie morgen neues Katzenstreu besorgen musste, machte Heidi einen Knoten in sich selbst.

Milo aus den Niederlanden

Seitdem seine Sehkraft nachgelassen hatte, musste sich Milo auf seine Nase verlassen. Diesmal war er sicher: Er hatte das Katzenklo endlich gefunden!

Smeagol aus Kalifornien

In dieser Nacht träumte Smeagol von einem Banküberfall. Er war gerade an der Stelle, an der die Räuber schrien: „Pfoten hoch!"

Missu aus Dänemark

Nachdem sie bei der Mäusejagd wieder einmal eiskalt zugeschlagen hatte, musste Missu sich dringend aufwärmen.

Myrtille aus Frankreich

Myrtille freute sich über den zweiten Platz bei der Wahl zum beklopptesten Tier des Jahres: Sie landete hinter dem erkälteten Eisbär, aber noch vor dem schwulen Pinguin.

Wasabi aus England

Es mag auf den ersten Blick etwas unorthodox aussehen, aber für Kater Wasabi ist dieser Schlafplatz nichts anderes als ein Lattenrost, auf dem T-Shirts trocknen.

Snowy aus Arizona

Was Snowy nicht ahnte: Das fehlende Schutzblech würde dafür sorgen, dass sie ab morgen nicht mehr „Snowy" hieße, sondern „Snow-Matschi".

Leo aus Washington

Leo schloss genießerisch die Augen und spielte vierpfotig
„Alle Vögel fliegen ... hooooch!".

Mariachi aus Florida

So sieht es aus, wenn Kätzchen Mariachi so richtig hundemüde ist.

Mooki aus Israel

Wenn Mooki fleißig weiterübte, würde sie ihre Umschulung zum Chamäleon bald beendet haben.

Ralph aus Italien

Damit Ralph in Ruhe schlafen konnte, hing draußen an der Badezimmertür das Schild „Bidet nicht stören".

Caesar aus der Schweiz

Nachdem Caesar das ganze Wochenende an
dem Pullover für seine Liebste gestrickt hatte,
schlief er in der Gewissheit ein, genug getan zu haben
für die Gleichberechtigung von Katze und Kater.

Mr. George aus England

Mr. George liebt es, deutsche Orte pantomimisch darzustellen.
Hier gibt er uns? Richtig: die oberbayrische Gemeinde Reit im Winkl.

Simba aus Washington

Mit sanft angedeutetem Stinkefinger signalisierte Kater Simba seinem Wecker, dass er gern noch ein wenig weiterschlafen würde.

Jimmie aus Spanien

Jimmie zeigte seinem Frauchen pantomimisch, in welchem Zustand er ihren Mann eben im „Rats-Eck" an der Theke zurückgelassen hatte.

Jimmie aus Spanien

Auch Jimmie geht gern mal einen trinken — er weiß aber auch, wann es Zeit fürs Bett ist. Schließlich will er am nächsten Morgen nicht mit einem riesigen Kater aufwachen.

Griet aus Ohio

Mieze Griet liebte die Abwechslung:
tagsüber im Gelände und nachts auf dem Geländer.

Quirky the Blind Kitten aus New Mexico

Zu seinem Glück fehlte Quirky nur noch die Maus Wilma.
Doch zur Maus Wilma fehlten ihm ungefähr acht Zentimeter.

Pitica aus Kasachstan

Pitica möchte später einmal nach Australien auswandern,
denn sie hat gehört, dass Beuteltiere dort stets willkommen sind.

Freckles aus den Niederlanden

Obwohl Freckles sich mehr ausgerechnet hatte,
war er letztendlich ganz zufrieden mit seinem
dritten Platz im Dracula-Look-alike-Wettbewerb.

Grumman aus Missouri

Kater Grumman verstand es vorzüglich, sich seiner Umgebung anzupassen. Mit bloßem Auge war er kaum von einem Güterwaggon zu unterscheiden.

Lily aus Nebraska

Eigentlich mochte Lily die Musik von Helene Fischer ganz gern. Aber nachts um drei „Atemlos durch die Nacht" in Dauerschleife – das war selbst für sie zu viel.

Minou aus Belgien

Nach der unsanften Landung war Minou klar:
Zur perfekten Fledermaus würde sie es in diesem Leben
nicht mehr bringen.

Bildnachweis

Fotografie Cover: Getty Images | Thinkstock

Fotografien Innenteil: S. 4: Kathi Froehlich, USA; S. 5: Asfirana Razak, Malaysia; S. 6: Getty Images | Jami Mitchell; S. 8: Ines Giers und Wolfgang Günther, Deutschland; S. 9: Amber Bolton, USA; S. 10: Katherine Haines, Frankreich; S. 11: Anisa Pahnichaputt, Thailand; S. 12: Getty Images | Benjamin Torode; S. 14: Laura Brown, USA; S. 15: Fatma Sakarya, Türkei; S. 16: shutterstock | Komar; S. 18: Cory Smith, USA; S. 19: Pamela Harrell, USA; S. 20: Desiree de Korte, Niederlande; S. 21: Robin Newhouse, USA; S. 22: picture alliance | Scanpix Bildhuset; S. 24: Sophie Écolan, Frankreich; S. 25: Mitchell Cawte, England; S. 26: Michelle Denman, USA; S. 27: Claudia Geglia, USA; S. 28: Angela Kamm, USA; S. 30: Dorit Stanovsky, Israel; S. 31: Ortensia Majer, Italien; S. 32: Getty Images | Thinkstock; S. 34: Erika Parmelee, USA; S. 35: Helen Chambers, UK; S. 36/37: Marta Ortiz Sabaté, Spanien; S. 38: Jon Cox, USA; S. 40: Mirian Shmakova, Kasachstan; S. 41: Quirky the Blind Kitten, https://www.facebook.com/Quirky.theblindkitten; S. 42: Janine Dorrestein, Niederlande; S. 44: Forrest Scott Wood, USA; S. 45: Stephanie Busse, USA; S. 46: Getty Images | Thinkstock